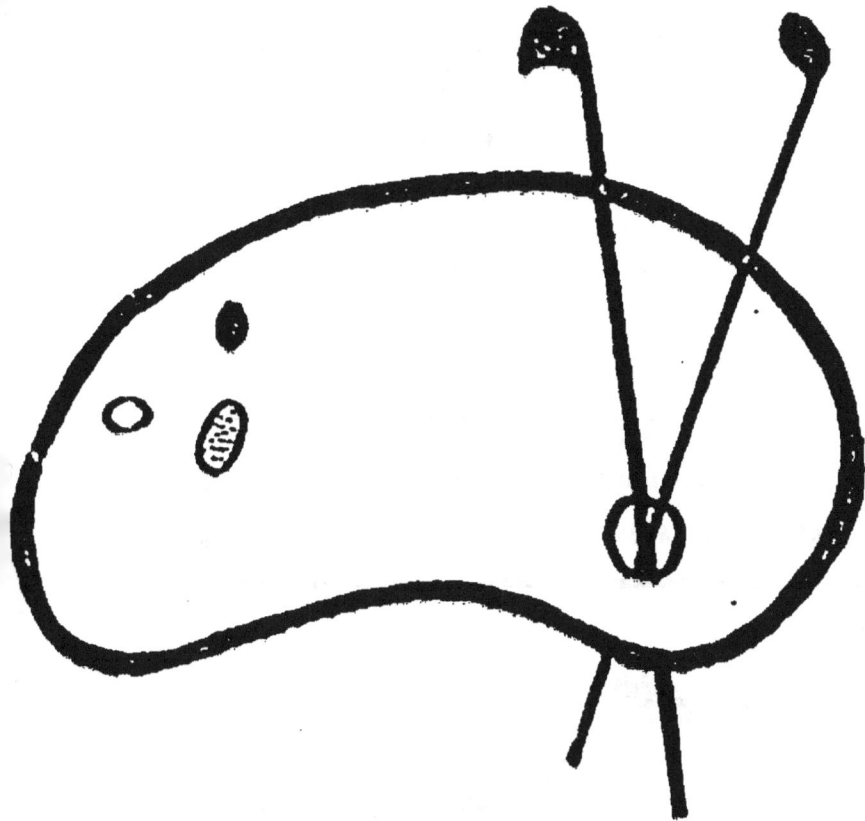

DEBUT D'UNE SERIE DE DOCUMENTS
EN COULEUR

ASSOCIATION FRANÇAISE

POUR

L'AVANCEMENT DES SCIENCES

Fusionnée avec

L'ASSOCIATION SCIENTIFIQUE DE FRANCE

(Fondée par Le Verrier en 1864)

Reconnues d'utilité publique.

———

CONGRÈS DE PAU

1892

M. le Chanoine INCHAUSPÉ

LE PEUPLE BASQUE, SA LANGUE, SON ORIGINE

PARIS

AU SECRÉTARIAT DE L'ASSOCIATION

28, RUE SERPENTE

(Hôtel des Sociétés savantes)

ASSOCIATION FRANÇAISE

POUR L'AVANCEMENT DES SCIENCES

EXTRAIT DES STATUTS ET RÈGLEMENT

STATUTS

ART. 4. — Les membres de l'Association sont admis, sur leur demande, par le Conseil.

ART. 5. — Sont membres de l'Association les personnes qui versent la cotisation annuelle. Cette cotisation peut toujours être rachetée par une somme versée une fois pour toutes. Le taux de la cotisation et celui du rachat sont fixés par le Règlement.

ART. 6. — Sont membres fondateurs les personnes qui ont versé, à une époque quelconque, une ou plusieurs souscriptions de 500 francs.

ART. 7. — Tous les membres jouissent des mêmes droits. Toutefois, les noms des membres fondateurs figurent perpétuellement en tête des listes alphabétiques, et ces membres reçoivent gratuitement, pendant toute leur vie, autant d'exemplaires des publications de l'Association qu'ils ont versé de fois la souscription de 500 francs.

RÈGLEMENT

ARTICLE PREMIER. — Le taux de la cotisation annuelle des membres non fondateurs est fixé à 20 francs.

ART. 2. — Tout membre a le droit de racheter ses cotisations à venir en versant, une fois pour toutes, la somme de 200 francs. Il devient ainsi membre à vie.

Il sera loisible de racheter les cotisations par deux versements annuels consécutifs de 100 francs.

Les membres ayant payé pendant vingt années consécutives la cotisation annuelle de 20 francs pourront racheter les cotisations à venir moyennant un seul versement de 100 francs.

Tout membre qui pendant dix années consécutives aura versé annuellement une somme de 10 francs en sus de la cotisation annuelle sera libéré de tout versement ultérieur.

La liste alphabétique des membres à vie est publiée en tête de chaque volume, immédiatement après la liste des membres fondateurs.

Les membres ayant racheté leurs cotisations pourront devenir membres fondateurs en versant une somme complémentaire de 300 francs.

Les souscriptions des membres fondateurs peuvent être versées en une seule fois ou en deux versements annuels consécutifs de 250 francs.

Les souscriptions sont reçues :

Au SECRÉTARIAT, 28, rue Serpente, à Paris.

IMPRIMERIE CHAIX, RUE BERGÈRE, 20, PARIS. — 8166-5-93.

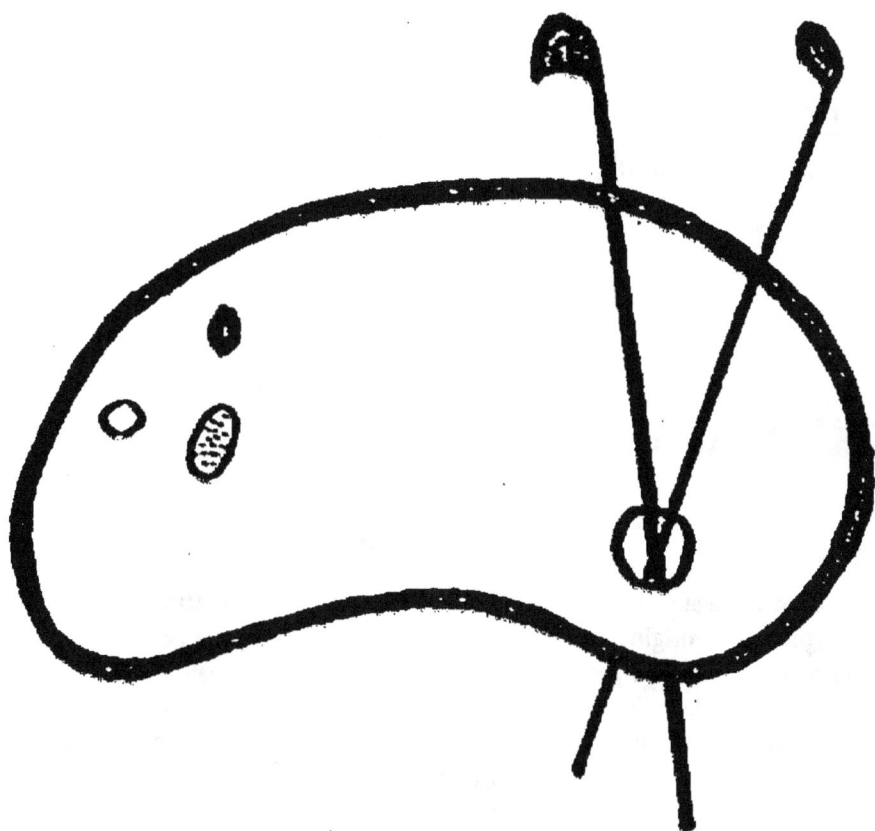

FIN D'UNE SERIE DE DOCUMENTS
EN COULEUR

ASSOCIATION FRANÇAISE

POUR L'AVANCEMENT DES SCIENCES

Fusionnée avec

L'ASSOCIATION SCIENTIFIQUE DE FRANCE

(Fondée par Le Verrier en 1864)

CONGRÈS DE PAU — 1892

M. le Chanoine INCHAUSPE

À Abense-de-Haut, par Tardets (Basses-Pyrénées).

LE PEUPLE BASQUE, SA LANGUE, SON ORIGINE

— *Séance du 16 septembre 1892* —

On a beaucoup écrit, depuis un demi-siècle, sur le peuple Basque, sur sa langue et son origine ; et néanmoins l'*Association française pour l'avancement des sciences* a jugé utile de poser la *Question Basque* à discuter au Congrès qu'elle a tenu à Pau cette année 1892. C'est qu'en effet les nombreux écrits qui ont été publiés de nos jours, au lieu d'élucider cette question, n'ont fait que l'obscurcir, accumuler des nuages et jeter l'incertitude dans les esprits.

En venant répondre à l'appel qu'on a daigné faire à notre concours à ce sujet, nous n'avons pas la prétention de produire des documents nouveaux ; nous voulons seulement tâcher de dégager ceux qui sont déjà connus des nuages dont on les a enveloppés, et faire en sorte de découvrir la lumière qu'ils sont susceptibles d'apporter à la solution des questions proposées.

Avant d'aborder la question de l'*origine* et de l'histoire des Basques, il nous semble naturel d'examiner leur langue, objet de la curiosité des savants, et qui fait des Basques un peuple à part dans le monde.

§ I. — LA LANGUE BASQUE.

On a divisé les langues qui se parlent dans les diverses parties du globe en trois grandes familles : la famille Sémitique, la famille Aryenne et la famille Touranienne ; et, parmi les langues parlées dans ces trois groupes.

on distingue les langues isolantes, les agglutinantes et les flexionnelles. On trouve à la langue basque des analogies avec toutes et avec chacune des langues appartenant aux diverses familles et aux diverses catégories. Ainsi on a observé, pour la terminologie, que le sanscrit appelle comme le basque : la lumière, *arghia* ; le feu, *sou* ; le père, *ata* ou *aita* ; la mère, *ama* ; — que le samoyède appelle le soleil, *eguia* ou *ekia* ; le feu, *sou* ; le pré, *soror*, en basque, *soro* ; le blanc, *zyr*, en basque, *zuri* ; — que l'esthonien appelle le raisin, *masis*, le basque, *mátsa* ; — le mongol, la forêt, *oy*, le basque *oyan* ; — le turc, la boue, *ballsik*, le basque, *balsa* ; la prune *arik*, le basque, *arana* ; — que le japonais appelle le maître, *noushi*, le basque, *nausi* ; le seigneur, *donno*, le basque, *jaon* ; seulement *bakkarri*, le basque, *bakharik*.

La plupart des termes dont les linguistes ont fait le rapprochement sont loin de présenter la même identité dans le radical, et ces rapprochements ont peu de valeur aux yeux des esprits sérieux. D'ailleurs, on trouve de ces sortes d'analogies dans les vocabulaires de toutes les langues ; on en trouve entre le sanscrit et l'hébreu, entre les langues touraniennes et les langues aryennes.

L'élément grammatical constitue principalement, pour les linguistes, la base qui doit servir à établir les degrés de parenté et la classification des langues ; et, sous ce rapport encore, on a signalé des analogies entre le basque et diverses langues.

Ainsi la multiplicité des modes et des temps du verbe rapprocherait le basque du sanscrit, tandis qu'elle l'éloignerait beaucoup de l'hébreu qui n'a que deux temps et deux modes.

Le système postpositif, suivi par le basque dans la déclinaison, donne à cette langue de l'affinité avec les langues oural-altaïques qui ont des suffixes casuels comme le basque. Le nominatif pluriel est désigné par la désinence *k* en basque, et c'est aussi le signe du pluriel en lapon, en hongrois et en vogoule.

Une autre analogie entre la langue basque et les langues oural-altaïques et aussi certains idiomes de l'Amérique du Nord, c'est l'existence d'une conjugaison objective, c'est-à-dire qui embrasse dans le même mot : l'indication du sujet, du régime, du pluriel et du singulier. Mais, malgré ces analogies, la supériorité du basque, dit le prince Lucien Bonaparte, est *immense* sur ces divers idiomes ; non seulement quant au nombre et à la variété des formes objectives, mais aussi quant à leur clarté logique et à leur usage. — Lorsqu'on compare le basque avec les langues des aborigènes de l'Amérique, dit encore M. Jehan de Saint-Clavier, il est impossible de ne pas apercevoir l'*immense* différence qui existe entre ces langues. Tous les idiomes américains sont dépourvus des verbes auxiliaires *être* et *avoir*, et ils ne peuvent exprimer abstractivement les idées qui nous sont communiquées par ces deux verbes, tandis que ces deux auxiliaires sont tout dans le basque.

En effet, lorsqu'on examine la merveilleuse flexibilité du verbe basque, la richesse de ses formes, les grandes proportions de son architecture; l'unité, la simplicité et la régularité qui ont présidé à son admirable charpente, on ne peut s'empêcher de dire avec M. Jehan de Saint-Clavier: *elle n'a pas sa pareille dans le monde* (Dict. ling.).

L'identité de certains termes et les analogies que l'on découvre entre le basque et les autres langues, comme entre les idiomes des trois grandes familles, prouvent qu'ils sortent tous primitivement d'une source commune; en effet, l'étude approfondie de la philologie comparée conduit à l'unité du langage : c'est l'opinion de Max Muller et de tous les esprits sérieux.

La création, l'unité de la race humaine, la révélation du langage et, par conséquent, son unité primitive sont des vérités intimement liées ensemble, que la saine philosophie a toujours proclamées et que les progrès des sciences humaines confirment chaque jour.

L'erreur de beaucoup de libres-penseurs de notre temps est de vouloir faire du langage une invention humaine. L'homme, comme tous les autres êtres, a été créé dans l'état de perfection propre à la dignité de sa nature. Il a été créé pensant et par conséquent parlant, car l'intelligence sans la parole est un flambeau éteint dans l'âme humaine. Supposer que l'homme s'est traîné peu à peu, par l'onomatopée, par des sons inarticulés à tous les degrés de perfectionnement du langage, c'est philosophiquement la plus absurde des hypothèses.

L'homme, en communication avec son semblable au moyen de la parole, a pu inventer des termes de convention pour désigner diverses choses, des inventions de l'art et de l'industrie ; et ces termes, les diverses langues peuvent les emprunter les unes aux autres ; mais l'expression des sentiments, de la pensée et de la volonté ; et le verbe qui indique les modes, les temps des actions extérieures et intérieures ne viennent pas de l'homme ; ils viennent du Créateur qui a fait l'homme parfait dans son genre, comme chacun des autres êtres de la création.

§ II. — LE VOCABULAIRE BASQUE.

Quoique le basque, comme toutes les autres langues, par sa constitution et ses analogies, se rattache à une origine commune, néanmoins il est incontestable que le basque se distingue de toutes les langues connues par son vocabulaire et sa structure grammaticale, autant que les langues des trois grandes familles se distinguent entre elles ; et que sa terminologie, comme sa grammaire, en font une langue à part.

En effet, presque tous les termes usuels lui sont propres ; ainsi on dit :

guizon, pour homme ; *emazte*, femme ; *haur*, enfant ; *seme*, fils ; *alhaba*, fille , *anaye*, frère ; *arreba*, sœur par rapport au frère ; *ahizpa* par rapport à la sœur ; *buru*, tête ; *belar*, front ; *begui*, œil ; *sudur*, nez ; *beharri*, oreille ; *aho*, bouche ; *mihi*, langue ; *lepho*, cou ; *sorbalda*, épaule ; *boulhar*, poitrine ; *besso*, bras ; *escu*, main ; *sabel*, ventre ; *guerri*, reins ; *ister* et *azpi*, cuisse ; *zankho*, jambe ; *oiñ*, pied ; *erhi*, doigt ; *hour* ou *ur* eau ; *lur*, terre ; *harri*, pierre ; *aitz*, roc ; *belhar*, herbe ; *euri*, pluie ; *elhur*, neige ; *odei* et *hedoi*, nuage, etc., etc. *Zelu* et *zeru*, ciel, a dû être substitué, lors de l'introduction du christianisme, au vrai mot basque qui désignait le *ciel* ; ce mot est *oz*, *oza*. Il est conservé dans divers mots composés, tels que *ozadar*, arc-en-ciel : *oz*, ciel, et *adar*, corne, arc ; *ozantza*, tonnerre : *oz*, ciel, *azantza*, bruit ; *ozkarbi*, ciel serein : *oz*, ciel, et *garbi*, pur ; on dit, dans le même sens, *ozargui* : *oz*, ciel, et *argui*, clair ; et *ozargitara*, à la clarté du ciel.

Les noms des nombres sont également particuliers au basque ; il compte par dix : *bat*, un ; *bi*, deux ; *hirour*, trois ; *laur*, quatre ; *bost*, cinq ; *sei*, six ; *zazpi*, sept ; *zortzi*, huit ; *bederatzi*, neuf ; *hamar*, dix. Après *hamar* on y ajoute *bi*, *hirour*, *laur*, *bost*, etc., pour désigner douze, treize, quatorze, etc. ; on dit : *hamabi*, *hamahirour*, *hamalaur*, etc. Mais nous devons signaler ici une particularité très singulière et très intéressante : pour exprimer *onze*, au lieu de dire *hama*BAT, dix-un, on dit *hama*EKA et cela dans tous les dialectes.

Où les Basques sont-ils allés prendre cet *eka* à la place de *bat*, pour l'ajouter à *hamar*, dix, et désigner le nombre *onze ?* Il est évidemment primitif, puisqu'il se trouve dans tous les dialectes ; et il ne peut être emprunté qu'au sanscrit *eka*, un, ou à l'hébreu אֶחָד *ekhad*, un. Les Basques durent, sans doute, emporter ce mot de la confusion de Babel avec les mots *makila*, מקל, le bâton, et *zaku*, שק, le sac, et certains autres termes que beaucoup de langues ont conservés avec la même signification et le même radical que l'hébreu et le basque.

On a prétendu que le vocabulaire basque était très pauvre ; que les mots purement basques avaient un caractère tout matériel et que cette langue manquait de termes pour les idées abstraites et spirituelles. Certains philologues darwiniens, contrariés dans leurs théories évolutionnistes par la perfection d'une langue parlée seulement par un petit peuple qu'ils considèrent comme très arriéré et non encore civilisé, parce qu'à leurs yeux il est trop religieux ; certains philologues, dis-je, ont même osé écrire que le verbe *être* n'existait pas en basque ; et cela afin de discréditer, de rabaisser cette langue et de l'assimiler aux idiomes des sauvages du nord de l'Amérique.

La langue basque a emprunté beaucoup de mots au latin, surtout pour exprimer les termes de l'enseignement chrétien ; elle emprunte encore aux langues voisines, soit des termes pour exprimer les nouvelles inventions, soit même trop souvent pour rendre les idées qui auraient dans le basque des termes équivalents au français et à l'espagnol ; mais le fond de la terminologie usuelle reste immuable et riche et le même dans tous les dialectes ; et dire que son vocabulaire a un caractère purement matériel et manque de termes pour les idées abstraites et spirituelles, est une affirmation aussi fausse que la négation de l'existence du verbe *être* dans cette langue.

Nous ferons observer d'abord que la langue basque, outre la déclinaison démonstrative singulière et plurielle, possède une déclinaison *indéfinie* pour envisager et exprimer les choses d'une manière *abstraite*. Il nous suffira de signaler un certain nombre de termes pour montrer l'erreur de ceux qui ont prétendu que le vocabulaire basque est purement matériel. Notons, par exemple : *eguia*, la vérité ; *guezurra*, le mensonge ; *zuhurra*, le sage ; *erhoa*, le fou ; — *gogoa*, l'intelligence ; — *nahia*, la volonté ; — *ahala*, le pouvoir ; — *beharra*, le besoin ; — *gudizia*, le désir ; *irritsa*, l'ardent désir ; —*aihoa*, l'aspiration ; —*ona*, le bon ; *gaistoa*, le méchant ; *aiherra*, le vindicatif ; *bekhaitza*, le jaloux ; — *jakin*, savoir ; *ikhas*, apprendre ; *sinhets*, croire ; *ouste*, opiner ; *maite*, aimer ; *higuin*, *hugu*, haïr ; *hastio*, détester ; *orhoit*, souvenir ; *ahatz*, oublier, *ezagut*, connaître, etc., etc.

Nous pourrions allonger beaucoup cette liste, mais elle nous paraît suffisante pour montrer le mal fondé des détracteurs de la langue basque.

Toutes les langues subissent des modifications et des altérations avec le temps ; mais, sous ce rapport encore, on doit admirer la stabilité de la langue basque et sa nature vraiment granitique.

On en trouve une preuve dans les cinquante et quelques mots basques rapportés par *Marineus Siculus* dans son ouvrage *De las cosas memorabiles de España*, imprimé en 1530. Ils sont empruntés au biscayen et ils sont aujourd'hui les mêmes, non seulement en *Biscaye*, mais même dans la *Soule* qui est si éloignée de la Biscaye et n'a point de rapport avec cette province.

Nous avons une preuve bien plus frappante de la consistance et de l'antiquité du basque dans les noms des instruments tranchants dont l'homme a dû faire usage dès l'origine. Ces noms sont empruntés au *roc* ou *silex*, en basque *aitz*, *atcha ;* et ils nous reportent à l'âge de la pierre.

Le premier instrument est celui par lequel l'homme a ouvert et travaillé la terre, la *pioche*. Or, la pioche, en basque, s'appelle *aitzurra*, mot composé de *aitz*, roc, et *urra*, déchirer, pierre à déchirer. Le second instrument qui lui a été nécessaire est la *hache* pour couper le bois ; or, la *hache* s'appelle *aizkora*, composé de *aitz*, pierre, et *gora*, élevé, haut ; pierre élevée sur un manche. Le couteau s'appelle *aiztoa*, cette dénomination est conservée dans le dialecte de Roncal. *Aizttoa* veut dire petite pierre, la désinence *ttoa* s'applique en basque à tous les termes comme diminutif; *guizonttoa*, petit homme; *elchettoa*, petite maison. Les ciseaux s'appellent *aizturrak*, composé de *aizttoa*, petit couteau, et *urru*, déchirer, petit couteau ou petite pierre à déchirer. Il est probable que, dans le principe, le diminutif *aizttoa* avait son générateur *atza* ou *atcha* pour signifier coutelas, sabre; mais il n'existe plus dans aucune province basque. On a vainement cherché l'étymologie de *hache* dans diverses langues; n'est-elle pas dans le *aitza* ou *atcha* basque, comme l'étymologie de *ascia*, cognée en latin et en italien?

§ III. — Système grammatical de la langue basque

Quant au système grammatical, aucune langue ne peut entrer en comparaison avec la langue basque.

Elle n'a qu'une déclinaison, mais elle embrasse dans la variété de ces désinences ou suffixes, toutes les modifications, toutes les relations dont un terme est susceptible, et qui sont exprimées dans la plupart des autres langues par des prépositions et des articles.

Elle a le singulier, le pluriel et l'indéfini. L'indéfini considère les personnes et les choses d'une manière abstraite et dans un sens général. Sa forme est seule employée pour les noms propres des personnes et les noms de villes. Le radical des substantifs et adjectifs reste invariable; quoique la plupart des postpositions ou suffixes n'aient pas une signification propre, cette invariabilité du radical fait que la déclinaison basque doit être considérée comme *agglutinante*.

Mais il n'en est pas de même de la conjugaison; celle-ci est éminemment flexionnelle. Car ici le radical subit une infinité de modifications; souvent même il disparaît totalement; en sorte qu'il est difficile de soutenir qu'il y ait, à proprement parler, un radical dans la conjugaison basque.

Le basque n'a qu'une seule conjugaison, ou, pour parler plus exactement, il en a deux, l'une pour la voix intransitive et pour exprimer le verbe *être*, et l'autre pour la voix transitive et pour exprimer le verbe *avoir*. Tous les mots appelés verbes par analogie ne sont en basque que des substantifs et adjectifs verbaux, se déclinant comme tous les autres substantifs ou adjectifs, à l'indéfini, au défini, au singulier et au pluriel. Ils ne peuvent revêtir le caractère verbal qu'ils ont dans les autres langues qu'en s'unissant aux formes de la conjugaison unique: du verbe *être*, pour exprimer l'état du sujet, ou une action reçue ou réfléchie; du verbe *avoir*, pour exprimer une action exercée sur une personne ou une chose autre que le sujet.

D'ailleurs tous les substantifs ou adjectifs, de quelque nature qu'ils soient, peuvent se conjuguer en basque en s'unissant aux verbes *être* ou *avoir*; et aussi toutes les formes positives du verbe peuvent se décliner. Ainsi *guizon*, homme; *harri*, pierre; *hour*, eau; *on*, bon; etc., peuvent prendre la forme verbale et se conjuguer; on dit: *guizontzen* DA, il devient homme; *guizontu da*, il est devenu homme; *harritu da*, il s'est pétrifié, effrayé; *hourtzen da*, il se fond; *ontu da*, il est devenu bon, etc.

Le verbe basque possède des modes inconnus aux autres langues; aucune n'indique les temps avec autant de précision. Il exprime dans ses flexions le sujet, le régime direct et le régime indirect; le pluriel et le singulier; il a une désinence indéfinie, et une désinence familière et respectueuse pour exprimer la qualité de la personne à qui l'on parle. Et toutes ces modifications se font d'après une loi si simple, si régulière et si uniforme que les enfants, dès l'âge de sept à huit ans, les expriment de la manière la plus correcte, s'ils n'ont appris que le basque.

Nous croyons utile, pour démontrer l'erreur de ceux qui ont contesté au basque la possession du verbe *être*, de donner ici un tableau indiquant les différences de la voix transitive et intransitive, ou autrement du verbe *être* et du verbe *avoir*. On y verra en même temps l'identité des lois suivies pour le développement des deux voix ou des deux verbes:

Voix transitive: AVOIR	Voix intransitive: ÊTRE
INDICATIF	INDICATIF
PRÉSENT	PRÉSENT
Du, il a; emaiten *du*, il donne;	*Da*, il est; joaiten *da*, il va;
Eman *du*, il a donné;	Joan *da*, il est allé ou parti;
Emanen *du*, il donnera.	Joanen *da*, il partira ou il ira.
PASSÉ	PASSÉ
Zian ou *zuen*, il avait;	*Zen*, il était;
Emaiten *zian* ou *zuen*, il donnait;	Joaiten *zen*, il allait;
Eman *zian*, il avait donné;	Joan *zen*, il était parti;
Emanen *zian*, il aurait donné.	Joanen *zen*, il serait allé ou parti;
FUTUR	FUTUR
Duke, il aura;	*Date* ou *dateke*, il sera;
Emaiten *duke*, il donnera (actuellement);	Joaiten *date*, il sera en partance;
Eman *duke*, il aura donné.	Joan *date*, il sera parti.
CONDITIONNEL	CONDITIONNEL
PRÉSENT	PRÉSENT
Luke, il aurait (actuellement);	*Lizate* ou *lizateke*, il serait;
Emaiten *luke*, il donnerait (actuellement);	Joaiten *lizate* (aski ussu), il irait assez sou-
Eman *luke*, il aurait donné (présentement).	Joan *lizateke*, il serait déjà parti. [vent;
Eman *lezake*, ou *liroke*, il donnerait.	Joan *leite* ou *leiteke*, il irait.
PASSÉ	PASSÉ
Zukian, il aurait eu;	*Zatekian*, il aurait été;
Eman *zukian*, il aurait donné (dans le passé).	Joan *zatekian*, il serait allé.

POTENTIEL

Dezake et *diroke*, il peut (faire).

PRÉSENT

Eman *dezake*, il peut donner.

PASSÉ

Eman *zezakian*, il pouvait donner.

IMPÉRATIF

Beza, dezala, qu'il fasse ;
Diala, qu'il ait ;
Eman *beza* ou *dezala*, qu'il donne.

SUBJONCTIF

PRÉSENT

Dezan ; eman *dezan*, qu'il donne.

PASSÉ

Eman *zezan* et *lezan*, qu'il donnât.

SUPPOSITIF POTENTIEL

Badeza ; eman *badeza*, s'il peut donner.

PRÉSENT

Balu, s'il avait (actuellement) ;
Eman *balu*, s'il avait donné.

FUTUR

Baleza ; eman *baleza*, s'il donnait (in futuro).

VOTIF

PRÉSENT ET FUTUR

Aileza, plût à Dieu qu'il fît !
Aileza eman, plût à Dieu qu'il donnât !

PASSÉ

Ailu eman, plût à Dieu qu'il eût donné !

POTENTIEL

Daite et *daiteke*, il peut (être).

PRÉSENT

Joan *daiteke*, il peut aller.

PASSÉ

Joan *zaitekian*, il pouvait aller.

IMPÉRATIF

Bedi, den, dadila, bis, qu'il soit ;
Joan *bedi*, qu'il s'en aille (ou joan *dadila*).

SUBJONCTIF

PRÉSENT

Dadin, joan ; *dadin*, qu'il aille.

PASSÉ

Zedin ou *ledin*, qu'il allât.

SUPPOSITIF POTENTIEL

Badadi ; joan *badadi*, s'il peut aller.

PRÉSENT

Balitz, s'il était (actuellement) ;
Joan *balitz*, s'il était parti.

FUTUR

Baledi ; joan *baledi*, s'il allait (in futuro).

VOTIF

PRÉSENT ET FUTUR

Ailedi, plût à Dieu qu'il fût !
Ailedi joan, plût à Dieu qu'il partît !

PASSÉ

Ailitz joan, plût à Dieu qu'il fût parti !

Dans *emeiten du* et *joaiten da*, les deux substantifs verbaux sont au cas inessif et se traduisent littéralement : il a en donation, il est en partance ; le nominatif est *emaite*, donation, et *joaite*, départ. *Eman* et *joan* sont des adjectifs au nominatif, et signifient *donné* et *parti*.

Emanen et *joanen* sont les génitifs de joan et eman ; on emploie indifféremment pour le futur le génitif possessif en *en* ou le génitif relatif en *en* ; on dit : *erorico da* ou *erorizen da*, il tombera ; *hartuco du* ou *harturen du*, il prendra.

Nous avons dit que toutes les formes positives de la conjugaison basque se déclinent : ainsi da fait *dena*, celui qui est ; *denaren, denari, denaz*, etc. ; *zen*, il était, fait *zena*, celui qui était ; *dateke* fait *datekena*, celui qui sera ; *lizateke, lizatekena ; daiteke, daitekena ; — du*, il a, fait *duena*, ou *diana* ; *zian, ziana, zianaren*, etc. ; *dezake, dezakena*, etc.

Il resterait beaucoup à dire pour faire connaître la richesse du basque et son admirable mécanisme; mais nous pensons en avoir dit assez pour donner l'idée vraie de cette langue aux esprits non prévenus et pour les convaincre de la fausseté des appréciations de ses détracteurs.

§ IV. — EUSKARA ET EUSKALDUNAC.

Nous trouvons opportun d'ajouter un mot sur la dénomination que les Basques donnent à leur langue et à leur nationalité. Les Basques de toutes les provinces espagnoles et françaises appellent leur langue *Euskara*, et eux-mêmes ils s'appellent tous *Euskaldunac*. Les Basques espagnols appellent la langue castillane *erdara*. *Ara* veut dire modulation, manière, langage. *Erdara*, *erdi-ara* signifie langage du milieu ou mi-langage, *media modulatio*. *Euskara* signifie langage des *Eusques*, nom d'où dérivent très probablement les noms de *Vascons* et de *Basques*, *Eusko-ara* ou *Eusikoen ara*; on sait que le génitif, en basque, se place avant le mot qui le régit. *Euskaldunac*, pour *Euskaradunac*, veut dire ceux qui ont la langue *Euskara*, qui parlent *Euskara*.

L'étymologie de *Euskara* paraît naturellement provenir de *eusi*, *esi*, lié, attaché; et ainsi *euskara*, *eusien ara* ou *eusikoen ara*, signifie *langage des confédérés*, *des tribus liées, unies*. Tous les Basques espagnols et les plus anciens écrivains basques français, tels que *Liçarrague*, *Etchepare*, *Axular*, *de Tartas*, écrivent *Euskara*, et non point *Eskuara*. Toujours est-il que cette dénomination commune que se donnent les Basques de toutes les provinces est une preuve du lien de fraternité qui les unit et qui a dû toujours exister entre eux. Aussi voyons-nous souvent les historiens anciens donner les noms de Vascons ou de Cantabres, d'une manière générale, aux diverses populations du nord de l'Espagne.

§ V. — LE BASQUE A ÉTÉ LA LANGUE DES PREMIERS HABITANTS DE L'ESPAGNE.

C'est l'opinion de la plupart des historiens d'Espagne que la langue basque a dû être celle des premiers colons qui ont occupé leur pays.

Mariana, au livre Ier, chap. v de son *Histoire de l'Espagne*, dit que les Cantabres seuls conservent cette langue rude et barbare, différente de toutes les autres et qui était autrefois, croit-on, commune à toute l'Espagne,

« Soli Cantabri linguam hactenus relinuerunt rudem et barbaram, a reliquiis omnibus discrepantem et *totius olim Hispaniæ communem*, ut fertur, et antiquissimam. Gens agresti rudique ingenio quæ plantarum instar translata, montanis inaccessa locis, externi imperii jugum, vel nunquam penitus admisit, vel excussit quamprimum; atque apud eam, cum antiqua libertate, *veterem gentis atque communem Provinciæ sermonem conservatum fuisse* fide non caret. »

Joseph Scaliger, qui connaissait la langue basque mieux que Mariana, pense, comme lui, qu'antérieurement à l'invasion des Romains, c'était la langue de l'Espagne. Elle est très douce, dit-il, et très suave, et elle n'a rien de barbare et de strident. Voici ses paroles dans son traité *De linguis Hispanorum* :

« Hispani, regionem in qua illa dialectus locum habet, generali nomine *Vascuensa* vocant. Nihil barbari aut stridoris aut anhelitus habet, lenissima est et suavissima ; est que sine dubio *vetustissima, et ante tempora Romanorum illis finibus in usu erat.* »

On sait que la tactique des Romains pour s'assujettir et s'assimiler les peuples vaincus était de leur imposer leurs lois et *leur langue*. Saint Augustin fait connaître ce système du peuple conquérant du monde dans son livre *De la Cité de Dieu*,

« Data est opera ut civitas imperiosa, non solum jugum, verum etiam *linguam suam* per speciem societatis imponeret. » *L. XIX, c. y.*

C'est ainsi que Strabon nous apprend que les Turdétans en vinrent à oublier leur langue antique, à prendre avec la langue latine toutes les mœurs des Romains et à donner des noms nouveaux aux villes de leur province.

« Turdetani, maxime qui ad Bœtim sunt plane Romanos mores assumpserunt, ne *sermonis quidem vernaculi memores...* »

Le même Strabon, parlant de ces mêmes Turdétans, nous dit qu'ils étaient, avant la conquête des Romains, les plus lettrés des Ibères ; qu'ils avaient une grammaire, des écrits historiques d'une grande antiquité, des poèmes et des lois écrits en vers remontant à six mille ans. Σοφώτατοι δ' ἐξετάζονται τῶν Ἰβήρων οὗτοι καὶ γραμματικῇ χρῶνται καὶ τῆς παλαιᾶς μνήμης ἔχουσι τὰ συγγράμματα καὶ ποιήματα, καὶ νόμους ἐμμέτρους ἑξακισχιλίων ἐτῶν, ὥς φασι· καὶ οἱ ἄλλοι δ' Ἰβηρες χρῶνται γραμματικῇ, οὐ μιᾷ ἰδέᾳ οὐδὲ γὰρ γλώττῃ ἰδίᾳ. (Strab., *Geog.*, L. III.) Quant aux 6.000 ans, Xénophon nous apprend que les années des Ibères étaient de quatre mois, ce qui réduit les 6.000 ans à 2.000.

Cette antique langue nationale des Turdétans était-elle la langue basque ? Nous croyons que les écrits des anciens et les noms primitifs des villes de cette province le prouvent d'une manière évidente.

Sénèque vivait dans le même siècle que Strabon ; il était né à Cordoue, chez les Turdétans. Quoique l'invasion romaine eût déjà fait perdre l'usage de la langue antique de son pays, les écrits dont parle Strabon

devaient encore subsister, et un lettré tel que Sénèque ne pouvait pas
manquer de les connaître et de connaître la langue dans laquelle ils étaient
écrits. Or, dans la lettre ou plutôt le livre sur la *Consolation* écrit par ce
grand philosophe et adressé à sa mère Helvia, de l'île de Corse, où il
était relégué par Néron, il dit : Les Espagnols aussi ont eu émigré en Corse,
ce qui apparaît par la similitude des mœurs et des coutumes ; les Corses
ont une coiffure et des chaussures semblables à celles des *Cantabres*,
comme aussi certaines locutions, car ils ont perdu le fond de leur langage
national par le contact avec les Grecs et les Ligures. « In eam (insulam
Corsicam) transierunt et *Hispani* quod ex similitudine ritus apparet. Ea-
dem enim tegumenta capitum, idemque genus calceamenti quod *Cantabris* est, ut *verba quædam* ; nam totus sermo conversatione Græcorum
Ligurumque a *patrio* descivit. » Les Espagnols qui allèrent s'établir dans
l'île de Corse n'étaient certainement pas les Cantabres, qui vivaient au
nord-ouest de l'Espagne, mais les Ibères de l'orient de la Péninsule, de la
côte de la Méditerranée ; or, ils avaient conservé des mots de leur ancienne
langue nationale *patrii sermonis*, et cette langue était celle des *Cantabres*
(quod Cantabris est, ut verba quædam). Ce n'était donc point la langue
Celte comme quelqu'un l'a prétendu, ni la langue grecque, ni la langue
phénicienne, ni la langue romaine : c'était la langue des *Cantabres*,
autrefois la langue des Espagnols qui avaient émigré en Corse.

Pausanias dit que les Ibères émigrèrent aussi en Sardaigne et fondèrent
la ville de *Nora*, ainsi appelée du nom du chef ibérien Norax.

Strabon nous apprend que les Ibères occupaient aussi tout le sud de la
Gaule depuis le Rhône : *Antiquitus Iberiæ nomine intellectum fuit quiqui dest
extra Rhodanum* ; et que, parmi eux, les Aquitains étaient tout à fait
différents des Gaulois et PAR LEUR LANGUE et par leur stature corpo-
relle, ressemblant en cela plutôt aux Espagnols qu'aux Gaulois : *Aquitan
cæterorum Gallorum plane differentes non lingua modo sed corporibus.*
Il répète plus loin, dans le livre IV de la *Géographie*, la même assertion,
semblant vouloir appuyer sur ce fait : *ut simpliciter dicam Aquitani reliquiis Gallis, cum corporum constitutione, tum lingua differunt, magisque
sunt hispanorum similes.*

Cette langue des Ibères aquitains, différente tout à fait de la langue
des autres Gaulois et semblable à celle des Espagnols, ne pouvait pas être
la langue des Celtes, puisque ce sont les Gaels-Celtes qui occupaient le
reste de la Gaule ; moins encore celle des Grecs, puisqu'elle ressemblait
plutôt à la langue des Espagnols, *magis Hispanorum* : c'était donc la langue
des *Cantabres*, qui était aussi celle des Espagnols émigrés autrefois en
Corse, selon le témoignage de Sénèque. Du reste, si la langue basque
n'était pas l'antique langue des Espagnols, comment expliquerait-on son
existence ? d'où pourrait-elle provenir ?

§ VI. — LES IBÈRES D'ESPAGNE

Il y a des écrivains modernes qui ont contesté la légitimité du nom d'IBÈRES donné aux anciens peuples d'Espagne; mais, pour prouver une thèse aussi audacieuse, il faudrait détruire tous les écrits des géographes et des écrivains de l'antiquité.

Nous avons vu que Strabon appelle *Ibères* les Turdétans, Ἴβηρσι, et il les qualifie les plus savants des *Ibères*, Σοφωτατοι των Ἰβηρων.

Pausanias, parlant des *Espagnols*, dit que les *Ibères* s'établirent dans la Sardaigne.

Denys l'Africain, dans son livre *De situ orbis*, appelle les populations de l'Espagne les races magnanimes des Ibères : IBERORUM *magnanimæ gentes, dederat queis nomen Iberus.*

Isidore de Séville, au livre II des *Etym.*, dit : *Hispani ab Ibero amne primum vocati* IBERI. — *Solinus, in Polihis.* IBERUS *amnis* TOTI HISPANIÆ *nomen dedit.*

S. Jérôme, au chapitre 27 d'Ézech. : HISPANI *ab Ibero flumine* IBERORUM *vocabulo* NUNCUPANTUR.

Diodore de Sicile, dans le livre V de sa *Bibliothèque historique*, parle de l'invasion des Celtes en Espagne, de leurs luttes avec les *Ibères*, de l'alliance définitive conclue avec eux; et il dit que le nom de *Celtibères* vient de la fusion de ces deux nations dans une partie de la Péninsule.

Martial, qui était Aragonais d'origine, dit que lui et ses compatriotes étaient issus des *Celtes* et des *Ibères* :

> Nos Celtis genitos et ex Iberis.
> Nostræ nomina duriora terræ
> Grato non pudeat referre versu.

> (L. IV. Epigr. 53.)

Lucain, au livre IV de la *Pharsale*, parle de l'invasion des Celtes et de leur union avec les *Ibères*.

> Profusique a gente vetusta Gallorum
> Celtæ miscentes nomen Iberis.

Le poëte Prudence, Vascon, né à Calahorra au IVe siècle, donne une commune nationalité au Vascon et à l'Ibère.

> Nos Vasco Iberus dividit binis remotos Alpibus.

> (Hymn. II de Coronis.)

Pline, dans son *Histoire naturelle*, livre III, rapporté, d'après Marcus Varron, que les *Ibères* vinrent d'abord en Espagne, puis les Perses, les Phéniciens, les Celtes et les Carthaginois: *In universam hispaniam Marcus Varro pervenisse Iberos, et Persas et Phœnices, Celtasque et Pœnos tradit.*

Hécatée de Milet (*Fragm. des Hist. grecs*, tom. I, Didot) mentionne plusieurs populations et villes d'Espagne, particulièrement de la Bétique, et il les qualifie, ou race des *Ibères*, ou ville des Ibères, εθνος Ιβηρων· πολις Ιβηρων.

Strabon dit au livre III de la·*Géographie* : Si les *Ibères*, qui étaient divisés en une multitude de peuplades, avaient su réunir leurs forces, la majeure partie de l'*Ibérie* n'aurait pas été subjuguée par les Carthaginois et auparavant par les *Phéniciens* et les *Celtes*. » Les *Ibères* étaient donc à ses yeux les habitants primitifs de la Péninsule, antérieurs aux *Celtes*, aux Phéniciens et aux Carthaginois.

Nous pensons que ces citations sont plus que suffisantes pour prouver que les historiens et les géographes de l'antiquité ont appelé *Ibères* les anciens habitants de l'Espagne.

§ VII. — LES IBÈRES ÉTAIENT BASQUES

Les *Ibères* ont été les premiers habitants de l'Espagne, et les monuments historiques ainsi que les noms anciens des villes et des populations de la Péninsule prouvent que leur langue n'était autre que la langue basque. Sénèque, né dans la Bétique, à l'époque où cette province était sous la domination romaine et avait déjà adopté la langue et les mœurs des Romains, nous apprend, comme nous l'avons déjà rapporté, que les Ibères avaient émigré en Corse et qu'ils avaient encore de son temps conservé des coutumes et des termes de leur nationalité espagnole et que ces locutions appartenaient à la langue des *Cantabres* et non plus des Turdétans, ce qui prouve qu'il considérerait cette langue des *Cantabres* comme étant la langue des Espagnols émigrés autrefois en Corse.

La langue des Ibères aquitains, que Strabon nous dit être entièrement différente de celle des Gaulois, et ressemblant plutôt à celle des Espagnols, ne pouvait être que la langue basque parlée par les Ibères.

Le même Strabon nous dit que les Turdétans avaient un langage différent des peuples voisins, qui étaient les Celtibères ; des monuments écrits dans leur langue et remontant à une haute antiquité. Sénèque, qui vivait au même siècle que Strabon, devait nécessairement connaître ces monuments primitifs de sa patrie. Jeune encore il était allé s'établir à Rome, et n'avait pu aller apprendre le basque dans la Cantabrie, mais il avait dû l'apprendre dans la lecture des antiques monuments de son pays;

et lorsqu'il parle à sa mère des Espagnols qui durent autrefois émigrer en Corse et qu'il a reconnus à leur costume et à leur langage, il a soin de spécifier que ce sont le langage et le costume conservés chez les *Cantabres*, quoique à ces émigrants il donne la qualification générale d'*Espagnols*. Ce qui prouve qu'il considérait cette langue comme étant autrefois la langue générale du pays, *sermo patrius*, comme il s'exprime lui-même.

Il est regrettable que la domination despotique des Romains ait fait disparaître les monuments littéraires de l'antique Espagne. Mais, à défaut de ces écrits, nous avons les noms anciens des peuplades et des villes, et ces dénominations, qui ont la plupart un caractère évidemment basque, ne peuvent laisser de doute sur la langue du peuple qui les a formées et occupées.

Quoique les écrivains grecs et latins aient beaucoup déformé et altéré ces noms, et que les Romains les aient changés, il y en a un nombre très considérable qui ont conservé leur physionomie basque et trouvent dans cette langue leur étymologie naturelle.

Tels sont: *Iliberri*, ville neuve : *ili*, ville, et *berri*, neuve. — *Bilbili*, deux villes réunies : *bil*, réuni ; *bi*, deux ; *ili* ville. — *Ilerdi*, ville du milieu : *ili*, ville ; *erdi*, milieu. — *Iligor*, ville haute : *ili*, et *gora* haut. — *Ilidor*, ville aride : *ili*, et *idor*, sec. — *Irun*, bonne ville : *iri*, ville ; *on* et *oun*, bon. — *Ilumberri*, bonne ville neuve : *ili on*, *berri* neuf. — *Ilurci*, ville d'eau : *urci*, aqueux. — *Urgel*, affluent d'eau : *ur*, eau ; *ghel* ou *hel*, arrivée, affluent. — *Urghi*, source d'eau. — *Urso*, lieu aqueux. — *Urbiela*, lieu de deux eaux. — *Iluro*, ville d'eau. — *Urbiaca*, lieu de deux eaux. — *Biturri* : *bi*, deux, et *iturri*, source, lieu de deux sources. — *Turriaga* et *Iturriaga*, abondance de sources ; la désinence *aga* signifie abondance. — *Aitzerri*, pays pierreux : *aitz*, pierre, roc ; *erri*, pays. — *Aizturi*, pays rocailleux et aqueux. — *Urdaitz*, pays d'eau et de rocs. — *Aiztighi* et *Aiztighieta*, ville sur une cime rocailleuse. — *Mendicola*, demeure ou gîte de la montagne, la même que *Mendiculeia*, dans la Tarraconaise. — *Balcari* ou *Abalari*, frondeur, habile à manier la fronde, à lancer le trait : de *abala*, fronde ; *abalari*, frondeur. *Baleares a teli missu appellati*, dit Tite-Live ; les Grecs les appelaient l'*υφενται*, qui signifie frondeurs, comme *abalari* en basque.

Que la langue basque ait été la langue des Ibères, premiers habitants de l'Espagne, il semble que le doute ne soit pas permis ; trop de preuves appuient ce sentiment qui est celui des historiens les plus graves et des savants dont l'érudition et le jugement méritent le plus de créance. Nous ajouterons que cette thèse est confirmée par la numismatique ibérienne.

La lecture des inscriptions de *las medallas desconocidas*, donnée par M. Boudart, paraît la plus fondée, parce que son alphabet et sa lecture nous donnent les noms connus des peuplades et des villes de l'antique Espagne ; et la plupart de ces noms s'expliquent par la langue basque, ainsi que leurs désinences en *coen* et *en*, qui est un génitif pluriel : *Iliba-*

ricoen, celui des Ilibariens; *Ilibetuicoen*, celui des Ilibétiens; comme on dirait *Espanacoen*, celui des Espagnols; *Erromacoen*, celui des Romains; *Belamezen*, celui ou celle des Belamesens; comme nous disons *Biarnesen Gascoinen*, celui des Béarnais, des Gascons. La terminaison *itz* de plusieurs de ces médailles est également commune au basque; nous avons Garriz, Ustaritz, Izturitz, Biarritz, etc.

§ VIII. — Origine des Ibères ou des premiers habitants de l'Espagne.

Il nous reste à rechercher d'où provenaient les Ibères ou Basques, premiers habitants de l'Espagne.

La croyance traditionnelle des Basques est qu'ils descendent de Tubal, fils de Japhet; ils considèrent leur antique étendard *Lauburu* ✝ (quatre têtes ou bouts) comme étant le souvenir de cette origine, ce signe ✝ étant la première lettre du nom de ce petit-fils de Noé. Porté comme un trophée à Rome par César-Auguste, après sa campagne contre les Cantabres (*Cantabro sera domito catenâ*, Horat lib., IV, od. xii), il fut appelé *Labarum* qui est une altération de la dénomination basque *Lauburu*. Il devint l'étendard chrétien après l'apparition de la croix à Constantin et sa victoire contre Maxence.

La plupart des historiens et annalistes d'Espagne soutiennent cette croyance que Tubal ou son fils Tarsis et leurs descendants ont été les premiers habitants de l'Espagne.

Josèphe, au livre Ier, ch. vii, des *Antiquités judaïques*, dit que Japhet eut sept fils et que ceux-ci occupèrent, *en Asie*, les pays qui s'étendent des monts Taurus et Aman jusqu'au fleuve *Tanaïs*, aujourd'hui appelé le *Don;* qu'en Europe, ils s'étendirent jusqu'à Gades (Cadix), et qu'ainsi Tobel fonda les *Tobaliens* que l'on appelle à présent *Ibériens :* Κατοικίζει δε και Θόβηλος Θοβήλους οιτιες εν τοις νυν Ιβηρες καλουνται.

Des écrivains modernes, qui ne veulent pas reconnaitre aux premiers habitants de l'Espagne *appelés* Ibériens une si grande antiquité, prétendent que, dans ce membre de phrase, Josèphe parle des Ibères Caucasiens. Mais, pour soutenir ce sentiment, il faut faire une violence déraisonnable au texte de Josèphe. L'historien juif dit d'abord que les fils de Japhet occupèrent, *en Asie*, le pays qui s'étend des monts Taurus et Aman au fleuve Tanaïs; et, parlant ensuite de l'*Europe*, il dit qu'ils vinrent, c'est-à-dire que quelques-uns des sept fils de Japhet vinrent *en Europe* et s'étendirent jusqu'à Gades ou Cadix, et que c'est ainsi que *Tobel* fonda les *Tobaliens;* κατοικίζει δε και, *fonda ainsi*. Ces termes κατοικίζει δε και ne peuvent se rapporter évidemment qu'aux fils de Japhet, qui passèrent en Europe, allèrent jusqu'à Cadix et *fondèrent ainsi les* Tobaliens *appelés aujourd'hui Ibères*. Cette interprétation de l'historien Josèphe est incontestable; et, d'ailleurs, il resterait aux contradicteurs à nous apprendre quel serait le fils de Japhet, autre que Tubal, qui suivant Josèphe, aurait pénétré jusqu'à Cadix.

Saint Jérôme, dans ses *Traditions Hébraïques* (cap. x, *Genesis*), confirme l'interprétation du texte de Josèphe. Japhet, dit-il, eut sept fils qui occupèrent la terre, en Asie depuis les monts Aman et Taurus jusqu'au fleuve Tanaïs, et en Europe jusqu'à *Gades*. Gomer, ajoute-t-il, fut le père des Galates; Medai, des Mèdes; Javan, des Ioniens, qui sont les Grecs; et Tubal, des Ibères, qui sont les Espagnols. *Japhet filio Noe nati sunt septem filii qui possederunt terram in Asia ab Amano et Tauro... ad fluvium Tanaïm; in Europa vero usque ad GADIBA, nomina et locis et gentibus relinquentes. Sunt autem Gomer Galatæ; Magog Scitæ, Medai Medi, Tubal Iberi qui et Hispani, a quibus Celtiberi, licet quidam et Italos suspicantur.*

Isidore de Séville, au livre XI des *Étymologies*, reproduit le texte de saint Jérôme. Il est très probable que Tubal ou ses enfants occupèrent aussi l'Italie en même temps que l'Espagne et peut-être auparavant. Ils étaient nomades, ils recherchaient naturellement les contrées les plus favorisées de la nature, et ils purent très bien s'arrêter en Italie avant de pénétrer en Espagne. Roderic de Tolède le donne à entendre dans son livre *De rebus hispaniæ* (lib. I, c. iii), où il dit :

Filii Tubal, diversis provinciis peragratis curiositate pervigili, occidentis ultima petierunt; qui in Hispaniam venientes, et Pyrenei juga primitus habitantes in populos excrevere et primo *Cetubales* sunt vocati, quasi cœtus *Tubal*. »

Tostat d'Avila, plus connu sous le nom d'*Abulensis*, et sur la tombe duquel on a écrit ce vers : *Hic stupor est mundi qui scibile discutit omne*, attribue également à Tubal le peuplement de l'Espagne : *Tubal a quo Hispani; iste sedem posuit in descensu montis Pyrenæi apud locum qui dicitur Pompilona. Deinde cum isti se multiplicassent in multos populos, ad plana Hispaniæ se extenderunt.*

Tous les grands historiens de l'Espagne, Garibay, Florian, Ocampo, Mariana, Henao, Moret, Ferreras, soutiennent l'opinion que l'Espagne a été peuplée, dans le principe, par les enfants de *Tubal ;* et les contradicteurs n'ont produit aucun argument qui détruise, qui affaiblisse même les preuves sur lesquelles ils fondent leur sentiment et leur récit.

§ IX. — TRADITIONS POPULAIRES CHEZ LES BASQUES

L'alphabet particulier et les légendes des médailles Ibériennes témoignent que les Ibères écrivaient et devaient avoir des monuments écrits. D'ailleurs, Strabon nous l'affirme en disant que les Turdétans étaient *les plus lettrés* des Ibères et que tous avaient une grammaire. Les révolutions successives qui ont bouleversé l'Espagne, les invasions des Celtes, des Carthaginois, des Romains, des Visigoths et surtout des Sarrasins ont fait disparaître tous les monuments littéraires des Ibères.

Les Basques, noble et énergique débris de ces premiers maîtres de l'Espagne, ont conservé, avec la pureté de leur sang, leur admirable langue, monument précieux qui, par l'ampleur et la perfection de son système grammatical, par les caractères d'antiquité de son vocabulaire particulier, fait l'admiration des savants. Ils ont aussi conservé la tradition qu'ils sont les descendants de *Tubal*, tradition rappelée par le *Lauburu* ✝, leur ancien étendard.

Les légendes et récits populaires n'ont aucun intérêt historique actuellement chez les Basques; ce sont des contes que l'on récite aux enfants dans les veillées d'hiver. Ils ont été publiés en grande partie par M. Cerquant, inspecteur de l'Académie de Bordeaux.

Il existe un nombre assez considérable de chansons qui sont très remarquables par la délicatesse des sentiments et par la beauté des airs. Un amateur, M. Bordes, en a fait une collection qui sera, nous l'espérons, prochainement publiée.

Les *Pastorales*, jouées de temps immémorial dans la Soule, offrent un certain intérêt en ce qu'elles donnent une idée des représentations théâtrales des Mystères au moyen âge, et qu'elles rappellent les guerres contre les Sarrasins.

Comme dans les Mystères français, il y a toujours la lutte du bien contre le mal; l'intervention de Dieu, des anges et des saints d'un côté, et de l'autre celle des diables et de leurs suppôts. Mais il y a ceci de particulier dans les Pastorales basques que le parti des *bons* est toujours appelé celui des *chrétiens* et le parti des méchants celui des *Turcs*; quels que soient les sujets des Pastorales, qu'ils appartiennent à l'Ancien Testament ou à l'histoire moderne. Il y a toujours force combats dans lesquels le triomphe finit par rester aux chrétiens. Le rôle des diables est très actif contre les bons et en faveur des Sarrasins. Le but principal de ces Pastorales a été évidemment, dans l'origine, d'entretenir les sentiments de la foi, en même temps que la haine des Sarrasins et l'ardeur pour les combattre.

§ X. — MONOTHÉISME DES BASQUES

Une des preuves de l'invariable constance de caractère des Basques et une de leurs gloires, c'est que jamais ils n'ont été idolâtres et qu'ils ont toujours adoré un *Dieu unique*. Les Romains, ne trouvant parmi eux ni temples ni idoles, crurent d'abord qu'ils n'avaient aucune croyance dans les divinités, *nihil de Diis sentire*; mais ils se détrompèrent bientôt en voyant que tous les mois, à la pleine lune, toutes les familles basques se mettaient en fête pour honorer un *Dieu innomé*, passant toute la nuit à chanter et à danser en son honneur : *innominatum quemdam Deum, noctu in plenilunio cum totis familiis, choreas ducendo, totam noctem festam agendo, venerabantur.* (Strabo, *Géogr.*, t. III.)

J'ai dit que le monothéisme des Basques est un témoignage de la constance de caractère de ce peuple, parce que ce n'est point le polythéisme qui a été la première religion des peuples, comme certains esprits se l'imaginent. Le polythéisme, a dit Max Muller, est une déviation du monothéisme et l'étude approfondie des religions comparées conduit au monothéisme. L'illustre égyptologue de Rougé dit que les inscriptions granitiques des temples de l'Egypte établissent la croyance des Égyptiens en un seul Dieu. Mariette dit la même chose : au sommet du Panthéon égyptien plane un Dieu unique, Créateur. M. Lenormand dit également qu'en pénétrant au delà du polythéisme grossier, qui sert de base aux superstitions populaires, on retrouve la notion de l'unité de Dieu.

L'Ibère basque a la gloire de s'être préservé de la déviation universelle et d'avoir conservé, avec sa langue, la notion d'un Dieu unique, du JAON-GOICOA, le Seigneur d'en haut, qui est l'*IAO* des peuples aux écrits cunéiformes ; le יה et יהוה qui, avec les points voyelles ainsi disposés, doit se prononcer *Ihaoh, IAO*, et qui est le nom ineffable de Dieu pour les Hébreux. *IAO* a été et est toujours le cri de joie et le cri de guerre des Basques, et c'est l'invocation de la Divinité.

Le prince Louis-Lucien Bonaparte ayant écrit que les Basques de la vallée de Roncal appelaient la lune *goicoa*, un des détracteurs des gloires des Basques s'est emparé de cette révélation, il en a fait le synonyme de *Jaon-Goicoa* et en a conclu que les Basques avaient été adorateurs de la lune ; on comprend que c'est peu sérieux ; mais le plus fâcheux pour l'auteur de cette curieuse découverte, c'est que les Roncalais n'appellent point la lune *goicoa*, comme le prince avait cru entendre, mais *guicoa*, celle de la nuit, la lumière de la nuit : de GAI, nuit, en roncalais.

Quelques écrivains, se fondant sur la légende de saint Amand de Maëstricht, qui est dit avoir apporté chez les Vascons des Pyrénées la lumière de l'Évangile, en ont conclu qu'ils étaient jusqu'alors idolâtres ; c'est une opinion absolument erronée. Saint Amand vivait au VIIe siècle et les Vascons qu'il vint évangéliser étaient ceux qui, fatigués par les vexations des Visigoths, avaient franchi les Pyrénées et étaient venus s'établir sur le territoire français à la fin du VIe siècle. Or, l'histoire ecclésiastique et profane d'Espagne fait foi qu'à cette époque la religion chrétienne était établie dans toute l'étendue de l'Espagne, et que les Vascons, en luttant contre les Visigoths ariens, défendaient leur foi en même temps que leur indépendance. Depuis leur invasion, constamment harcelés par les armées des rois de France qui voulaient les chasser de leurs terres, ils vivaient les armes à la main, sans prêtres et sans moyens de pratiquer leur religion, jusqu'à ce qu'après de longues luttes, ils eussent détruit, dans la vallée de Soule, l'armée française commandée par Bladaste (1). Ayant alors recouvré la paix, ils furent évangélisés par Saint Amand, mais point retirés des ténèbres de l'idolâtrie.

Conclusion

La langue basque a un vocabulaire particulier pour les termes usuels de la vie matérielle et pour l'expression des pensées et des sentiments. Elle a une déclinaison unique et une conjugaison unique qui, dans leurs développements, renferment toutes les complications de sa syntaxe. Sa terminologie particulière et son système grammatical font de cette langue basque une langue à part dans le monde.

Elle a été la langue des premiers habitants de l'Espagne que les historiens et géographes de l'antiquité ont appelés les *Ibères*.

Les Basques actuels sont les descendants et les restes de ces *Ibères* par le sang et par le langage.

Les Ibères, appelés aussi *Tobaliens* et *Cétubaliens*, étaient les descendants de Tubal, fils de Japhet.

La vérité de ces thèses est appuyée sur les faits, sur l'autorité des historiens les plus graves et sur les monuments de l'antiquité; et les dénégations sans preuves des adversaires ne suffisent pas pour l'ébranler.

(1) *Greg. Tur. Hist. Fran.* l. VI, c. 12. — *Fredegarii Chron.*, c. 78, anno 636.

IMPRIMERIE CHAIX, RUE BERGÈRE, 20, PARIS. — 8144-4-93.

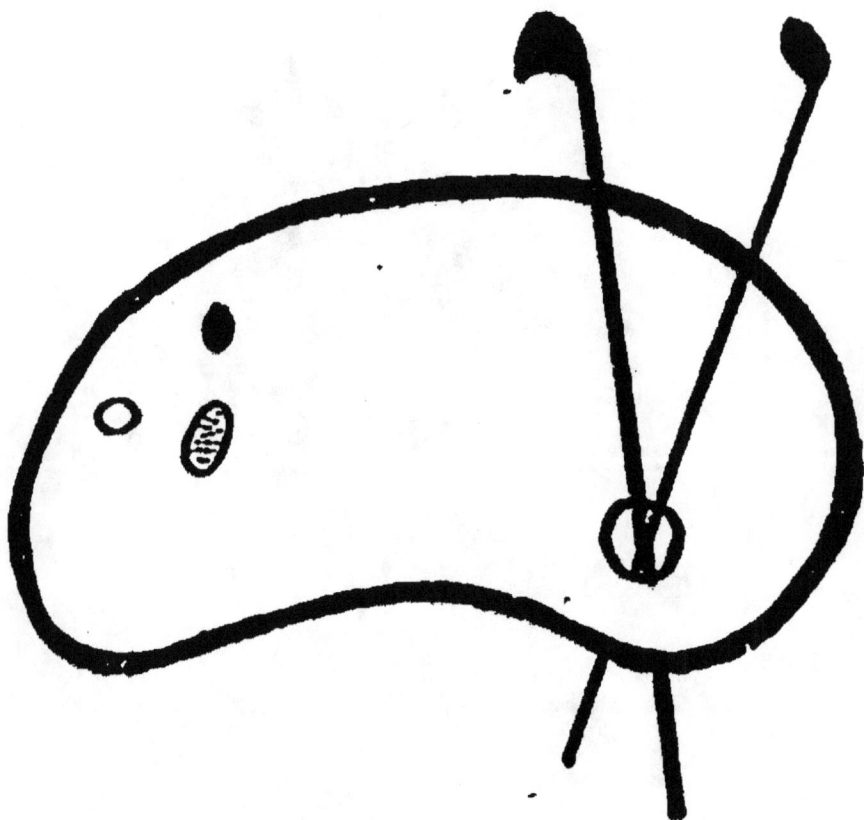

ORIGINAL EN COULEUR
NF Z 43-120-8